하나님의 큰 꿈을 이루기 바라며 __________ 님께

이 책을 드립니다 __________ 드림

동물들이 전하는 성경 이야기

미운오리 요셉 1

계인철 지음 | 문동욱 그림

요세프

추천사

현대는 우리의 눈과 감각을 유혹하는 미디어 매체들이 쏟아지는 시대입니다. 이런 환경에서 자녀를 신앙으로 키우는 일은 정말 두렵게 느껴집니다. 교회는 어린이와 청소년들을 올바른 길로 인도하기 위하여 노력해 보지만, 한계앞에 무릎을 꿇어야만 했습니다. 이번에 새롬주니어 에서 처음으로 동물을 캐릭터로 하여 성경 만화를 출판했습니다. 어린 자녀들이 좋아하는 동물과 만화를 그려 냄으로서 그들의 마음을 열게 할 목적이 특별합니다. 미운 오리새끼처럼 천대를 받았지만, 나중에 꿈을 이루는 영웅이 된 '요셉 이야기' 를 첫 작품으로 선택한 것도 자녀들을 위하여 아주 잘한 일이라고 생각합니다. 부모님들은 전6권 시리즈로 이어지는 대하만화를 자녀들에게 권장 하셔서 이 시대에 요셉 같은 위대한 인물을 만들어 내시기를 기대합니다. **- 신촌중앙침례교회 고용남 목사**

성경에는 2190명이나 되는 인물들이 등장한다. 그 중에 요셉이라는 인물만큼 사랑받는 인물도 없을 것이다. 그는 하나님뿐만 아니라 일반 사람들에게까지 특별한 사람이었다. 그런 특별한 사람을 저자의 깊은 통찰력으로 지금까지 우리가 경험했던 요셉보다 더 큰 요셉을 경험하게 한다. 물론 이러한 결과는 더 위대하고 크신 하나님을 경험하게 하는 축복도 선사한다. 특히 어린이들이 이 만화를 보면서 큰 꿈을 꾸게 될 것이 틀림없다. 이 만화를 손에 든 어린이는 그 순간부터가 특별한 사람이 되는 위대한 역사가 시작된 것이다. **- 삼일교회 송재동 목사**

요셉이라는 인물을 소설로 쓰고 그 소설을 만화로 만들었다고 했을 때, 조금은 실망스러웠다. 잘 아는 것처럼 요셉은 성경의 어떤 인물보다도 많이 알려진 인물이기 때문에 좀 식상하다 싶었다. 하지만 그것은 나의 기우였다. 저자의 풍부하고 맛깔스럽고 깊이 있는 내용은 그동안 우리가 교회에서 만났던 요셉과는 다른 요셉을 만나게 해주고 있다. 그리고 그것을 어린아이들에게 친근감 있게 동물만화로 재구성한 것은 요셉을 통해 전하고자 하는 본뜻을 재미있게 읽을 수 있게 한다. 이 만화를 보는 어린이들은 틀림없이 요셉과 같이 하나님의 쓰임을 받게 될 것이다. 요셉처럼 하나님의 뜻을 이루는 귀한 재목으로 자랄 것이다. 나는 그것을 확신한다. **- 장은교회 문장득 목사**

작가의 글

사람들은 요셉을 매우 잘 안다고 생각합니다.

요셉은 성경을 통해 다른 인물보다 많이 알려져 있고, 많은 사람들의 사랑을 받고 있기 때문입니다. 요셉하면 사람들은 먼저 꿈을 떠 올립니다. 그리곤 꿈을 꾸고 이루는데 요셉을 모델로 삼습니다. 물론 요셉은 꿈을 꾸었고 그 꿈을 이루었습니다. 하지만 일반인들이 알고 있는 그의 꿈 성취는 그가 애굽의 총리(본서에는 총독으로 표현하였음. 기존의 총리와 구분함과 동시에 파라오로부터 그의 다음 가는 권력을 부여받았기 때문에 총독으로 호칭함)가 된 것으로 완성 된 것이 아닙니다. 그것은 본래의 꿈을 이루어 가는 과정 중 하나에 불과했습니다. 여기서 우리가 분명히 새롭게 정의하고 가야 할 것은 요셉이 꿈을 꾸었지만 그 꿈의 진정한 주인은 그가 아닌 하나님이라는 것입니다. 그는 하나님의 목적을 꾸었고 그 꿈, 즉 하나님의 목적을 이루는데 복되게 쓰임을 받았습니다. 그래서 그의 꿈의 원인과 결과는 창12장 1-3절의 말씀 중 특히 3절의 "땅의 모든 족속이 너로 말미암아 복을 얻을 것이라"입니다. 요셉 한 사람을 잘되게 하고자 한 것이 아니라 그를 통해 온 세상을 향한 하나님의 꿈을 이루시고자 하셨던 것입니다. 한 개인의 만족이 아닌 온 세상을 위해 귀하게 쓰임 받는 인물이 된 것입니다. 요셉은 세상을 떠나기 직전 하나님의 말씀대로 이스라엘 백성이 출애굽하게 될 것을 말하면서 그때에 그의 유골을 메고 갈 것을 유언 하고(창50:24-25) 이스라엘 백성은 그 유골을 메고 출애굽하여(출13:19) 약속의 땅 가나안에 들어간 후 세겜에 장사 지냈습니다.(수24:32) 하나님은 요셉을 통해 이스라엘 민족이 온 열국, 즉 온 나라의 축복의 통로가 되는 것을 꿈꾸셨습니다. 그리고 장차 이루시게 될 예수 그리스도를 통한 온 세상의 구원을 꿈꾸시며 요셉과 항상 함께하셨습니다.

하나님은 오늘도 나를 통해 온 세상을 사랑하십니다. 나를 통해 세상에 큰일을 하시려고 하십니다. 내가 하나님 마음에 합하면 하나님은 나에게 꿈을 주실 것입니다. 세상 속에 내가 아닌, 하나님의 꿈을 품은 내가 사는 세상을 하나님은 내게 살라고 하십니다. 오늘도 하나님은 하나님의 꿈을 꾸게 할 사람을 찾고 계십니다. 이 글을 읽는 사람은 하나님이 찾는 사람이 될 수 있습니다. 내 작은 꿈이 아닌, 하나님의 큰 꿈을 꾸십시오. 나만이 아닌 온 세상을 향한 큰 꿈을 꾸십시오.

2012년 12월... 계인철, 문동욱

등장인물

요셉
(오리)

아름다운 외모의 소유자로
정직과 믿음으로
하나님의 대리자 역할을
훌륭히 수행합니다

이집트 왕
(사자)

위엄이 있으며
거칠고 단호하나 인재를
중요시 여기고 자신을 기쁘게 하면
무엇이든 다 주는 성격의 소유자

호텝총리
(곰)

지혜로운 사람으로
매사에 신중하고 많은 사람들에게
덕망이 있다 그러나 보이지 않는
부분에서는 권력욕이 강하다

보디발
(부엉이)

충성스러운 인물로
종들을 가족처럼 여길줄 알며
아내의 허물을 알면서도
눈감아 준 인물

그 외 동물들...

스스스스스슥...
흐읍~
음?
하하하
호호호...
하하하...
호호호...
하하하...

뭐지?
...??
뽀글... 뽀글...
뽀글... 뽀글...
스윽...
크으으으...
크카카카.

크아아악…
뭐..뭐야?
크아아악…
헉!
질질질
헤헤헤

....
.....
거참 이상한
꿈이네....
....

너 참
건강하고
토실토실하게
잘 자랐구나.
너도 참
잘 자랐구나.
올해도
풍년이겠다.
갑자기
바람이..
휘이이익...
너...넌..
뭐야?
쑥욱

뭐긴..너희들을
먹기 위해 나왔지.
헉!
.....
불길한 꿈을
하루 두 번이나
꾸다니...

에잇!
그냥 꿈일거야…
개꿈일거야…
……
왜! 자꾸
꿈 생각이
나는거야?

무언가
불길한 징조야...
불길해...
불길해...
여봐라!
당장 이나라에
있는 박사와
마법사들을
성으로 들라하라.

왕이시여....
저희들은 왕께서 꾸신 꿈이
무슨 꿈인지 풀이 할 수가
없습니다.....
정말로 어젯밤 내가
꾼 꿈에 대한
풀이를 못한단
말인가?

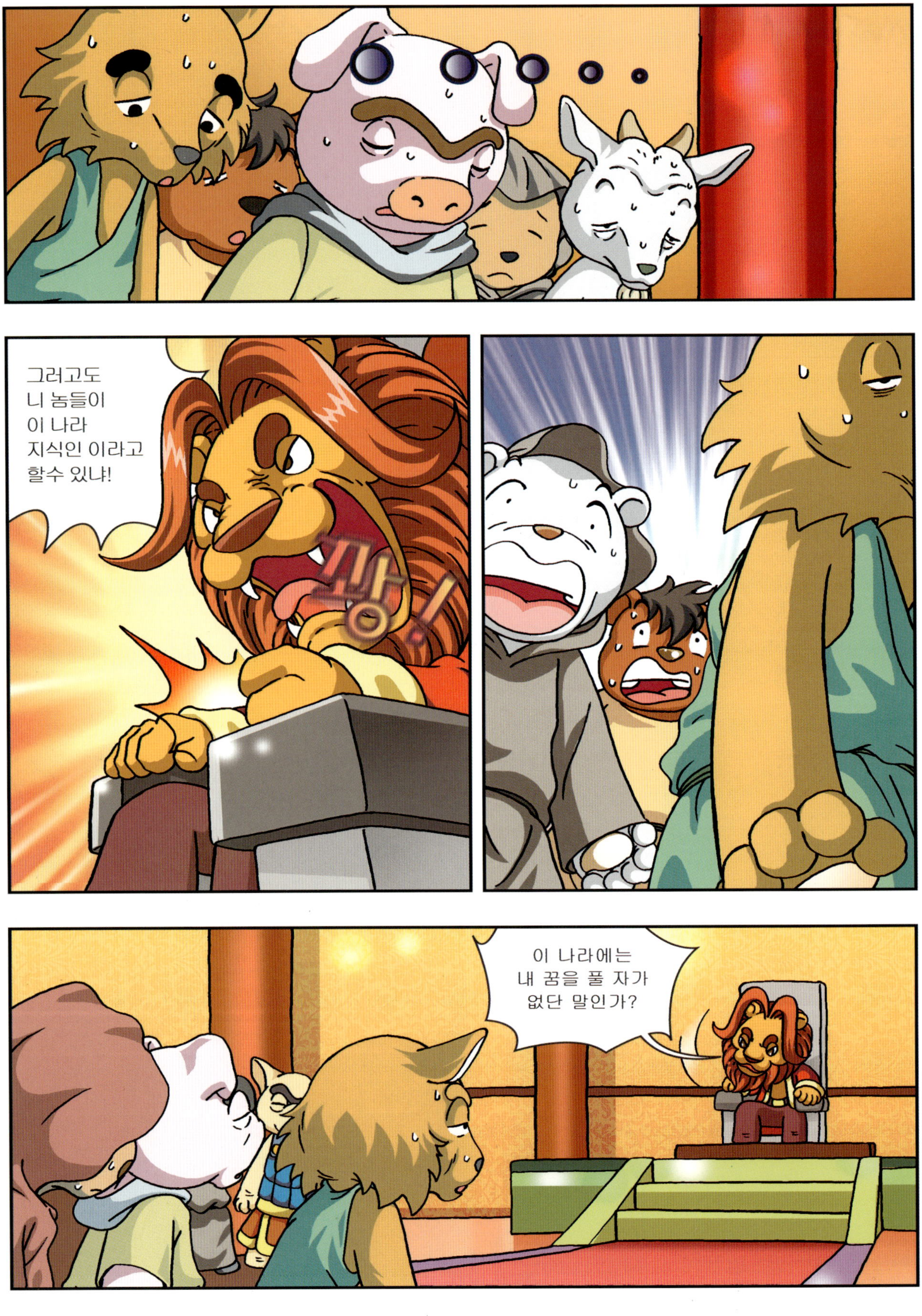
그러고도 니 놈들이 이 나라 지식인 이라고 할수 있냐!
꽝!
이 나라에는 내 꿈을 풀 자가 없단 말인가?

이렇게 답답할 일이 있는고.
무슨 꿈이 길래 나를 이렇게 답답하게 하는 거야!
왕이시여....
뭐야?

요셉이라는
히브리인 노예를
만나보세요.
노예?
제가 2년 전 억울하게
누명을 쓰고 빵굽는
관리와 같이....
보디발의 감옥에
갇힌 적이 있습니다...
여러 날이
지난 어느 날 밤
꿈을 하나
꾸었습니다..
그런데 공교롭게도
저와 함께 감옥에
갇힌 빵 관리도
그 날 밤 이상한
꿈을 꾸었습니다.

우리들은 서로 지난 밤 안부를 물으면서 이 얘기 저 얘기 하다가 꿈 이야기를 하게 되었습니다.
어제 밤 이상한 꿈을 꾸었네.
어! 나도 이상한 꿈을 꾸었는데.
그냥 꿈이겠지 생각했는데 그럴수록 더 생각이 나는거야.
어. 나도 그런데 불길하고 찜찜해.
여기 계신 분들 중에 꿈 풀이를 하실 줄 아는 분 계시오?

이 감옥 안
에는 꿈을 풀 수
있는 분이 없나?
제가 그 꿈을
풀어 드리겠습니다.
자네가
꿈을 풀 줄
아는가?
꿈을 풀어주실
분은 제가 아닌
하나님입니다.
저에게 그 꿈 이야기를
해주시면 내 안에
계시는 하나님이
나를 통해 두 분의
꿈을 알 수 있게
해주실 겁니다
.....

꿈에서 가지 셋인 포도
나무를 보았는데
세잎에서 꽃이 피더니
포도가 열린거야..
그 포도를
따서 즙을
내어.....
잔을 들고있는
파라오에게
바치는 꿈이야.
가지 셋은 삼일을
뜻합니다
앞으로 삼일이 지나기
전에 당신은 이전처럼
왕에게 포도주를 바치게
될 것입니다.

그러니 여기서
풀려나시거든 왕에게
말을해서.....
저를 이 감옥에서
나가게 해주세요.
저는 히브리인
땅에서 강제로 이곳으로
끌려 왔습니다
저는 이 감옥에 갇힐
일을 한적이 없습니다.
참으로 억울하게
이 감옥에서 고통을
당하고 있습니다
부디 저에게
은혜를 베풀어
주십시오,
내가 나가기만
하면 왕에게
말해 주리라.
내 꿈....
내 꿈도
풀어주시오.

내 머리위에 빵이
담긴 바구니 세 개가
있었는데......
그 중에 왕에게
바칠 빵들이 담긴
바구니가 있었는데..
새들이 와서 왕에게 바칠
빵만 먹어 치우는거야..
대체 이 꿈이
무슨 뜻이야?

당신은 3일후에
죽게 됩니다.
예~에~
세 바구니는
삼일을 말하는데
삼일이 지나서
왕이 당신을
죽일거예요.
거..거짓말..
거짓말이지...
아니지~~
내가 삼일후에 죽다니
잘 못 풀이한 거지...
삼일 후 저는 석방되어
술관리 일을 계속했고
빵관리는 그 때 왕의 명으로
죽이지 않으셨습니까?

그 때 그 꿈을 풀이하고
정확하게 맞춘 이가 지금
감옥에 있는 히브리인
요셉입니다.
당장 감옥에 있는
히브리인 요셉을
데리고 와라.
빨리...
빨리...
어떻게
생겼어요?
오리라고
하던데?
백조
아니야?

두두두둥!
뭐야?
오리야? 백조야?
니가 꿈 풀이를 잘하는 요셉이냐?
왕이시여!
저는 꿈을 풀이하는 술사가 아닙니다.

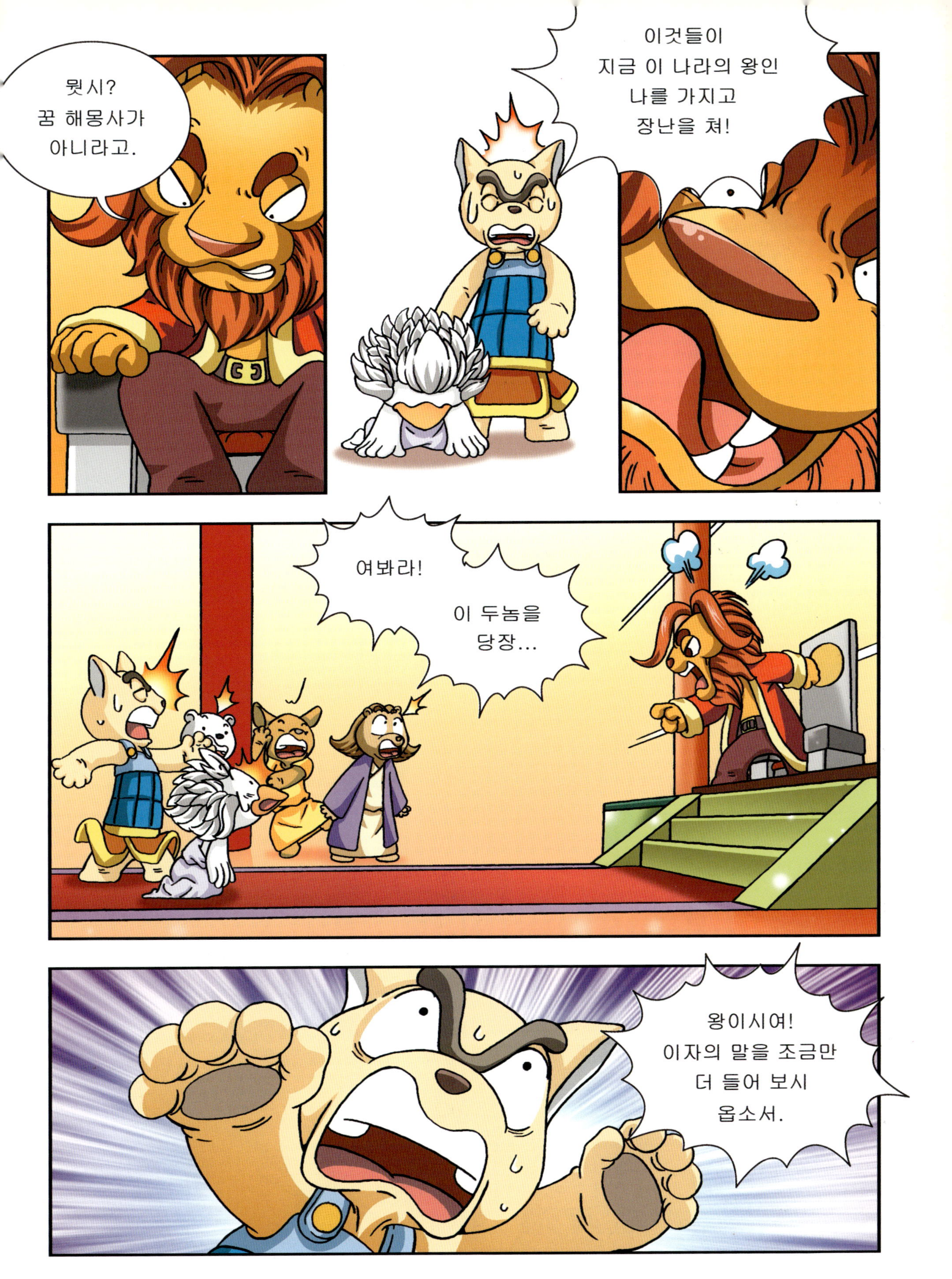
뭣시?
꿈 해몽사가
아니라고.
이것들이
지금 이 나라의 왕인
나를 가지고
장난을 쳐!
여봐라!
이 두놈을
당장…
왕이시여!
이자의 말을 조금만
더 들어 보시
옵소서.

2년 전 감옥에
있을때도 이 자의 말은
지금과 같았습니다
응~
한번만 더
물어봐 주십시오
그 꿈
해몽사가 아니면
너는 무엇이란
말이냐?
지극히 높은신
왕이시여 저는 노예에
불과합니다

억울하게 누명을 쓰고 감옥에 갇혀 있던 죄수 아닌 죄수 일 뿐입니다
그러기에 저에게는 그러한 능력이 없습니다 다만 제가 섬기는 하나님이......
항상 저를 통해 사람들이 궁금해 하는 일들을 전달하였습니다
어떤 꿈이든 저를 통해 그 뜻을 해석해 주셨습니다.

.....
스윽!
왕이시여!
왕이시여!
아니되옵니다
저 자는
죄수 이옵니다
비켜!

일어나거라.

그래. 그 하나님
이라는 네 신이 그렇게
대단하냐?
그러하옵니다.
그래!
내가 너를
믿어보마.
네 신이
얼마나 대단한지..
이 이집트의
태양신보다
더 위대한지
어디 한번
보자꾸나.
....
휘익~

스윽!
.....
그래!
너의 신에게
내 꿈에 대해
물어보거라.

알겠습니다.
태양의신 만큼
위대한 신이
세상에 어디 있다고
한낮 노예의 신에
불과한 볼품없는 신이
어찌 알 수 있다는
말인가.

위대한
왕이시여!
그래. 너가
섬기는 신이
무엇이라 하는가?
조~용
어서 말해보거라
내가 답답해 죽겠다.

왕께서 꾸신 두 꿈은 각각 다른 내용이나 두 꿈은 하나입니다.
하나라고?
하나님께서 장차 일어날 일에 대하여 미리 왕에게 보여주신 것입니다.
뭐?
장차 일어날 일?
그렇습니다. 왕이 꾸신 꿈의 뜻은 이렇습니다.

소 일곱 마리와 이삭 일곱은 칠년간 풍년을 뜻하고..
못생긴 소와 동쪽 바람에 바싹 마른 이삭은 칠년 동안 있게 될 가뭄을 뜻합니다.
뭐라?
칠년간 풍년과 칠년간 가뭄이 일어난다고?
제가 말씀 드린 대로 그 일은 반드시 일어날 것입니다.
이제 곧 이집트에는 칠년간 풍년이 있을 것이며 그다음 칠년 동안 역사이래 경험해 보지 못했던 가뭄으로......

심한 흉년이
온 땅을 덮을 것입니다.
백성들이 풍년이란
것이 무엇인지 조차 기억
할 수 없을 만큼 심한 가뭄이
이 땅을 덮을 것입니다.
하나님께서
왕에게 두번의..
같은 꿈을 꾸게
하신 것은 하나님은
반드시 이 일을 하시겠
다는 뜻입니다.

왕은 이 일에 대한 준비를 하셔야 합니다.
준비? 어떻게 준비를 한다는 말이냐?
왕께서는 매우 지혜롭고 현명한 사람을 뽑으셔서 그 사람에게 이 땅을 맡기시고..
그를 도울 수 있는 관리들을 뽑아 풍년이 드는 칠 년 동안 생산되는 모든 곡식들을 저장하여 두셨다가....
이후 가뭄으로 인한 큰 흉년이 닥쳐 왔을 때 그 곡식들을 사용하시면 됩니다.
그러면 왕과 이 나라 백성들은 큰 가뭄과 흉년에도 풍성하게 살 수 있습니다.

....
스윽~
....

헉!
헉!
으악!
스윽~
엄마야!
헉!
으악!
스윽~
여기 있는 요셉보다
이 일을 더 잘 할 수 있는
자가 있는가?

• • • • •
• • • • •
아무도 없단
말이지.
요셉! 이미 보았듯이
그대만큼 현명한 사람은
어디에도 없다.
하여 나는 오늘
부로 내 왕궁을 네게
맡기겠다.

모든 백성이 너에게 복종할 것이며...
그대보다 높은 사람은 나 왕 밖에는 없느니라.
저 자가 비록 왕의 꿈을 풀었다 하나....
왕이시여! 아니 되옵니다.
그는 노예이며 죄수입니다.

어찌 저런 자에게
이 나라 왕궁을 맡기려
하십니까?
아니 되옵니다.
우리들 보고
천한 그를 섬기라
하시나니까.
이는 있을 수
없는 일이옵니다.
지금까지 이 나라
역사이래 이런 일은
한 번도 없었습니다.
왕이시여
부디 뜻을 거두어
주시옵소서.

왕이시여!
부디 뜻을 거두어
주시옵소서.
왕이시여!
부디 뜻을 거두어
주시옵소서.
왕이시여!
부디 뜻을 거두어
주시옵소서.
네 놈들이 신의
대리자요 이 나라의
왕인 내게....

된다!
안된다 하느냐.
네 이놈들의
정신을 바짝 차리게
해주마.
여봐라!
당장 이놈들을...
왕이시여!
왕이시여!
잠깐만요...
스톱!

시위대장 보디발
아뢰옵니다.
오늘 왕께서
꿈을 알게 되신
것은 매우 기쁘고
좋은 일입니다.
그리고 오늘 왕의 꿈을
풀어준 저 요셉은
참으로 지혜롭고 충성
스러운 사람입니다.
그의 신 야훼는
항상 그와 함께 하면서
그를 잘되게 하고
그와 함께하는
사람들과 집안까지도
잘되게 하는 참으로
놀라운 신입니다.

그렇다고 하여 왕께서
오늘 처음 만난
저 요셉에게......
이 나라 전체를
맡기시는 것은 너무 과한
은혜라고 여겨집니다
얼마 전까지 저
요셉은 저의 집 노예
였습니다.
그는 아주 훌륭하게
그 일을 해냈습니다.
정말로 나무랄 데가
없었습니다.
그때 저는 저의 아내를
제외한 모든 것을 다
그의 손에 맡겼습니다.

저는 그를 아주 이뻐했고
집안의 모든 노예들도
그를 섬기고 잘 따랐습니다.
주인인 저에게 손해도
입히지 않은 것은
물론이고 그의 신
하나님은 저와 저의
집을 축복하였습니다
하지만......
저는 그를 감옥에
가두어야 했습니다.

어느날 그는 제 아내를 범하려 하였습니다.
제 아내가 이를 거절하며 당황하자 요셉은 옷을 벗은 체 도망쳤습니다.
그런 그에게 이 나라를 맡기시는 것은 안됩니다 명을 거두어 주십시오
......
왕이시여!! 아닙니다 아니.....

....??
아니옵니다.......
......
오늘부로...
......

이 이집트를
요셉에게 맡긴다.
헐!
또악!
헉!
또악!

비록 그가 노예였고
죄수였다고 할지라도 지금은
요셉과 같은 지혜로운
사람이 필요하다.
이집트의 왕인 나는
요셉의 모든 허물을
덮고 그의 지혜와
능력을 사용하려한다.
나를 대신하여
이집트를 가뭄과
흉년으로부터
구해낼 것이다.

오늘 이후로 요셉에 대하여 함부로 말하지 마라.
만약 이 전 일을 들추어 말하고 비난하는 자가 있으면 결단코 용서하지 않으리라.
요셉은 오늘 이 순간부터 나 외에는 섬길 자 없는 이집트의 총독이니라.
헐!
총독!
헉!

스윽~
??
툭!
너는 이제
총독이니라!
나를 대신하여 이
나라를 모든 가뭄과 흉년으로
부터 구원하라.

소신은 왕의 은혜를
감당하기에는 너무나
부족합니다.
그러니 왕께서는
저에게 내리신...
그만!
이 요셉은 나
다음으로 이집트의
권세를 가졌다.

지금부터 모든 이집트땅의 누구라도 요셉 허락 없이는 누구도 함부로 움직이지 못한다.
허니 너는 오직 나에게만 충성하고 장래의 일들을 잘 준비하라.
알겠느냐?
알겠습니다 저의 지혜와 몸은 왕의 명을 따르겠습니다

왕 만세
왕 만세
왕 만만세!
왕~~ 만!!세~
만만세
만세 만세!

노예가 총독이
되었다고 못 마땅한
모양이구나.
저 놈들을 이끌기
위해서는 좀 더 확실한
방법이 필요하겠어
이제부터 네 이름은
더 이상 요셉이 아니다.
그 이름은 히브리인의
이름이요 노예의이름
죄수의 이름이다
그래서 내가 네게
새 이름을 주겠다.

네 이름은 "사브낫바네아" 라 부르리라 이 이름의 뜻은 "살리라" 이말은 이집트의 백성을 구원하라는 의미 이니라.
왕이시여 너무도 큰 은혜를 입었사옵니다.
신은 온 몸과 마음을 다해서 왕께 충성을 다 하겠습니다
끄덕~
끄덕~

"사브낫바네아"야
넷 왕이시여.
내가 너에게 선물을 하나 더 주겠다.
이집트의 제사장 보디베라의 딸 아스낫을 네 아내로 주노라.
……
넷?

때가 되거든 그녀를
만나보거라.
그녀는 너를 기쁘게
할 만큼 매우 아름다운
여인이니라.
피곤하니
모두 물러가라.

왕은 정말 너무하는거 아니야?
그러게
어떻게 노예이고 죄수였던 자에게 총독이라니…
우리들을 무시해도 유분수지.

왕에게 다시 생각해 달라고 말해볼까?
그 얘기를 누가 하는데?
니가 할거야?
근데 요셉이 대체 누구지?
?
어떤 사람인가?

우리가 요셉을
대적하려면 요셉을
알아야 하지 않겠어?
요셉이 어떻게
이집트에 오게
되었는지.
요셉이 앞으로
어떻게 행동할지
이런거 말이야.
그래 맞아!
우리가 여기서
이러고 있을 때가
아니야.

우리의 적이 된
요셉에 대해서 먼저
알아보자고.
중국 고대 병법가
였던 손자도 이런
말을 했지 지피지기
백전백승.
적을 알고 나를 알면
백 번 싸워서 백번 다
이긴다 하는 말
그러니까 지금부터
그 원수 같은 요셉에
대해서 알아 보자고.
누가 요셉을
가장 잘 알지?

뭘 그리 고민을 해.
요셉을 왕에게 소개한 이가 술관리 아닌가?
그 관리를 찾아가 물어보면 되지 않겠어?
맞다! 맞아!
그러면 되겠네.
우리 모두 술관리 집으로 갑시다.
우르르르...

와아아아~
자네들이 여기는
웬일인가?
자네들도
혹시....
어어...

요셉을 알기위해
술관리를 만나러...
턱!
뚝!
놀고있네.
역시 우리는
친구야.
오잉?
우리가 여기에
왜 왔는지 까먹은
거야?
앗!
한심하다.

근데 이 술관리는
왜 안 오는거야?
밥 먹었어?
아니 배고파
죽겠어.
오늘 안 들어
오는거 아니야?
에잇 설마...
턱!
어?
어?

술관리가
왔다.
??
당신 뭐야?
당신이 뭔데
요셉을 왕에게
추천을 해!
???
왜 우리를 물
먹이는거야.
너 때문에
우리는 망했어.

모두들 조용히
하시오.
호텝총리님!
우리는 지금 술관리
야단 칠려고 온
것이 아니요.
술관리에게
물어 볼 것이 있소.
요셉에 대해 알려고
여기에 온 것이요
그러니 술관리에게서
물러 서시요.

너 똑바로
말해야돼.
네가 오늘 왕에게
소개한 요셉이
누구야?
일단 안으로 들어
가서 이야기하시죠.
여기서 요셉에 대해서
나와 여기 모인 사람들에게
있는대로 얘기해야 한다.
....
......

오늘 여러분이
보신 요셉 총독은...
아니 누가 총독이
라는거야?
......
지금 당신 앞에
호텝총리가 계신데
어찌 그런 말을 한단
말이야.

일단 조용히하고 술관리의 말을 들어 봅시다.
총리께서는 저를 용서해 주시길 바랍니다.
오늘 왕께서 요셉을 총독으로
부르라 하셨기 때문에 요셉을 총독이라고 하겠습니다.
저는 왕에게 충성을 다하는 신하입니다.
갑작스러운 일이지만 왕의 명령을 거부할 수는 없습니다.
하오니 호텝총리께서는 이런 저를 용서하시고 제 말을 들어주십시요.

이 년전 저는 억울하게 누명을 쓰고 빵굽는관리와...
함께 보디발 감옥에 갇히게 된 것은 아시지요?
궁에서 얘기하지 않았나??
그 때 요셉총독이 저에게 부탁한 말을 까마득하게 잊고 있었습니다.
다시 돌아와 일하는 기쁨과 행복에 과거의 은혜를 잊은 것 입니다.
그런데 얼마 전 왕이 꿈을 꾸었는데 그 꿈을 풀이하는 자가 아무도 없었습니다.
이에 왕은 화를 내고 그들을 죽이려 하였습니다.
바로 그 때 제 기억속에 오래 감추어져 있었던 한 인물이 번개처럼 제 마음을 스치고 지나갔습니다.

바로 그 오리가
오늘 총독으로 임명된
요셉 이었습니다.
그 오리라면 왕의
꿈을 풀 수 있다는
생각이 들었습니다.
그래서 왕에게
요셉총독을 소개한
것입니다.
그럼 그에 대해서
더 아는 것이 없는가?
사실 제가 요셉총독에
대해서 아는 것이
별로 없습니다.

십여년 동안 종으로
데리고 있던 분이
있습니다.
시위대장 보디발을
찾아가 보십시오 더
많이 아실 것입니다.
보디발?
시위대장
보디발이면…
그 부엉이?
보디발…
알았네 잘 쉬고
내일 궁에서 보세.
보디발
집으로 가세.

보디발
집 알어?
몰라.
호텝총리님은
아는 것 같아
요셉.....
진정 이 나라를
구할 영웅인가?

보디발 집이
여기인가 보네
집 좋다.
문 열어!!
문 열어!!
쾅! 쾅! 쾅!
쾅! 쾅! 쾅! 쾅!

쾅!쾅!
쾅!
쾅!
가요! 가!
문 부서지겠어요.
여기가 누구
집인줄 알고 문을
막 두드려요?
헉!
이 종놈이
난 안보여?
호텝총리님...

보디발 시위대장 있는가?
있으면 빨리 나와서 호텝총리를 맞이하라고 하게.
아직 돌아오지 않으셨습니다.
해 지기 전에 전갈이 왔는데 오늘 궁에서 연회가 있어서
좀 늦을 것이라고 하셨습니다요.
뭐라? 궁에서 연회를..
그럼 그 요셉인가 뭔가하는 오리 때문에 아직 안 돌아왔단 말이냐?
저는 잘 모르겠습니다.
밖에 누구 와 있는가?

마님! 이분은
호텝총리십니다.
주인님을 뵙기
위해 오셨습니다.
저는 보디발 아내
줄 레이카 입니다.
이 늦은 밤에
어떻게 누추한 집까지
오셨는지요?
와~
이..이쁘다.
일단 안으로
드십시요 곧 그 이가
돌아올 것입니다.
음...
어서 가서 차를
가져 오너라
네.

총리님
식기전에
차를 드세요.

····
왜 이리 가슴이
답답하지??
그럼 이만
물러가겠습니다.
아~ 늦은 시간에
불쑥 찾아와
죄송합니다
좀 더 있어도
되는데....

호텝총리님이면
언제든지 환영합니다.
총리님 얼굴
빨개지셨다.
그러게..
히~
저 부인 치마바람이
대단한 여자라고
소문이 났는데..
보디발부인이
호텝총리를 좋아
하는거 아니야?
헉!
헉!
....

부인~
나 왔소.
궁에서 한잔했소
오셨어요.
초 저녁부터
호텝총리가
기다리고 계십니다.
호텝총리!

총리께서 이 미천한 저의 집에 다 오시다니요?
그렇게 있지 말고 여기에 와 앉게.
네…에..
내 시위대장에게 물어볼 말이 있어 이렇게 무례를 무릅쓰고 왔소.
무…물어 보십시요. 무엇이든 다 말씀 드리겠습니다.

다름이 아니라 오늘 총독으로 임명한 요셉에 대하여 좀 더 자세히 알고 싶어서 왔소.
....
내 듣기로는 요셉이 이 년 전까지만 해도 시위대장 집 종이었단 소리를 들었소. 사실이오?

예 그렇습니다.
요셉총독은 저희 집 종이었습니다.
오늘 뜻하지 않은 일로 왕의 다음 권세를 가진 총독이 되었습니다
진짜 종이었나봐?
속고만 살았어.
저도 놀라 어떻게 할지 순간 하늘이 무너지는 줄 알았습니다.
앞으로 우리가 총독이라 불리게 된 요셉을 어떻게 상대해야 하는 것이요?
지금 요셉이 총독이 되게 문제가 아니오.

요셉이 어떻게 이 나라에 들어 오게 되었고 시위대장 집 종이 된 것이요?
지금으로부터 13년 전에 이슬람상인 미디안에게 당시 17세였던 요셉을 샀습니다.
여기서 총리님께 죄송한 말씀 드리겠습니다.
아시는 것처럼 요셉은 이전의 요셉이 아닙니다 지금부터 요셉을 총독으로 부르겠습니다.
총독으로 임명 되었으니 나라에 충성하는 자이니 그렇게 해야지.
감사합니다

그 당시 총독은 비록 소년
이었지만 건강하고 아름다웠으며
눈이 초롱초롱 하였습니다.
이 번에 새로 들어온
요셉입니다.
총독은 똑똑하고 눈치가
아주 빨랐습니다.
주어진 일들은 빈틈없이 훌륭하게
처리하였습니다.
거기에다가 정직하기까지 했습니다
단 한 푼도 저에게 손해를 끼친
적이 없었습니다.
심부름하고
잔돈이 남았으니
주인님 갖다
드려야지.

다른 종들도 총독을 아주 좋아하며 잘따랐습니다
요셉 내 고민 좀 풀어죠.
아~ 그러면 되겠네
요셉은 정말 똑똑한거 같아.
그 후로도 총독은 자신의 신과 함께 하는 것 같았습니다.
이것은 이렇게 하세요하고 저의신께서 말씀하셨습니다.
고맙네.
참으로 좋았던 것은 총독의 신이 총독으로 하여금......
건물이 좀 낡았네.
제 집도 잘되게 해주었던 것입니다.
신의 말씀대로 하니까 깨끗해졌네.

그런 모습이 눈에 자주 보였습니다.
그래서 나는 우리 집안의 모든 일을
총독에게 다 맡겨 버렸습니다.
요셉 자네가 우리 집 관리를 좀 해주게.
제가요?
내 아내를 제외하고 우리 집 모든 관리를 자네에게 맡기네.
충성을 다해 관리하겠습니다.
총독은 자신에게 주어진 일들과 집안의
모든 일들을 훌륭하게 잘 해 주었습니다.
그로 인해 우리집은 크게 번창하였습니다.
저 쪽 창고에 보관하면 채소는 오래 보관 할 수 있을거예요.

자네는 저쪽에서
저 일을 좀 해주게.
알겠네.
어리지만
참 슬기롭고
지혜로운 것 같아.
그러게.
하나님이라 불리는 총독의 신이 항상
함께 함으로써.....
우리집은 크게 번창하여 상상할 수 없을
만큼 부유해졌습니다.

..???
그런데 왜 요셉을
감옥으로 보냈나?
자네 집에서는 아주
귀한 보물이나 다름
없는 그를 말일세?
예....
그것은 참으로
아쉽지만 어쩔 수
없었습니다.
총독이 우리집에 온
것은 좀 전에 말씀 드린대로
17살 때 였습니다.

소년이었던 총독은
어느새 이십대 후반의
오리로 성장했습니다.
총독은 건강하였고 용모가 아주 훌륭했습니다.
그런만큼 인기도 대단했습니다.
그럴수록 스스로 신 앞에 부끄러움이 없는
마음을 흔들림 없이 유지하였습니다
저는 그런 총독의 모습이 아주 좋았습니다
그래서 저는 총독을 더욱 신뢰하였습니다.

총독이 스물 여덟이 되던 해 어느 날 제 아내 줄 레이카가
엉엉 울면서 내게 달려오는 것 이었습니다.
엉..엉..엉...
엉..엉..엉
무슨 일 있었소?
제가...엉엉..
점심을..먹고..
방에서..쉬고..
있었는데..
엉엉..엉..
울지만 말고
말해 보시오.
갑자기..요셉이
..들어와..저를..
겁탈..하려...
했습니다..엉엉
....

저는...발버둥을..
치며..요셉을..간신히
..뿌리치며...
요셉은 놀라
겉옷을 벗어 놓은
체로 혼비백산
도망쳤습니다.
....
왜 이러느냐..
네 주인인 내
남편에게 이 모든
사실을 알리
겠다고 했습니다.
......
저를 겁탈하려
했던 요셉을
죽여 주세요.
그냥 두면
또다시 저를
겁탈할 수 있습니다
요셉을
죽여주세요.
....

일어나시오
이 일은 내가
알아서 하겠소.
방에 가
기다리고 계시오.
....

가서 요셉을
잡아 오너라.
네....에
어디에 숨어서 듣고 있을 아내가 들으라는 식으로 요셉총독을 한참동안 큰소리로 나무랬습니다.
종들을 시켜 왕에게 대항하는 정치범들을 가두는 감옥에 넣었습니다.
전!..
억울해요..
전 진짜
억울해요

아니 잘 이해가 되지않는 것이 있네.
종이 주인의 아내를 겁탈하려 하였다는 것은 결코 살 수없는 죄일세.
죽어 마땅한 죄이고 이는 국법이기도 하네 그런데 어찌 자네는 그런 나쁜 오리를 죽이지 않고 감옥에 보냈는가?
예 당연히 주인의 것에 손을 댄 종은 죽어 마땅합니다
당연히 그를 죽였어야 합니다
하지만 저는 그럴수가 없었습니다.

아니 왜?
종은 주인 마음대로
할 수 있는데...
왜 죽일수
없다는 것인가?
그에게 무슨
약점이라도 잡힌
것이 있었는가?
그에게 잡힌
약점이라곤 먼지
만큼도 없습니다.
문제가 있다면..
나 자신의 문제가
있었을 뿐입니다.

자신의
문제라니?
나는 결혼을
하면 안되는
남자입니다.
시위대장 이지만
동시에 내시입니다.
이런 제가 아내를
둔 것입니다.
아내는 젊고
아름답습니다.
나야 궁에 들어오는
순간부터 남자의
모든 것을 포기한
사람입니다.
하지만 아내는
그렇지 않습니다.

아내는 밤이
외로웠습니다
그럴때마다 그녀는
나를 원망하였습니다.
자신의 집안이 가난하지만
않았어도 내시에게 시집오지
않았을 것이라 신세를
한탄하였습니다.
저는 할 말이
없었습니다.
성적인 부분에
있어서만은
그녀를 행복하게
해 줄수가
없었습니다.

모든 것을 소유한 그녀이지만 이 부분에 있어서 만은 아주 불행했습니다.
저는 미안하게 생각하여 제가 할 수 있는 한 그녀의 모든 요구를 들어 주었습니다.
저기 명품가방 하나 사도 돼?
그런데...
그런데...
......
......
......

내 무슨 말인지
대충 알 듯하네.
그러니 염려하지
말고 하던 말이나
계속하게.
그녀는 나 몰래 다른 남자들과
사귀고 있었습니다.
그 소문은 제 귀에까지 들려왔습니다.
마님이 다른 분과
사귀는 걸 보았습니다.
뭐야!
내가 얼마나
잘해 주었는데..
날 배신하고 다른
놈을 사귀다니.

그렇게 몇 날 며칠을 잠을 제대로 자지
못하고 고통스러운 시간을 보냈습니다.
미칠 것 같은 시간들 이었습니다 하지만
저는 그런 시간을 보내면서.....
그녀를 조금씩 이해하기
시작했고 도리어 미안한
마음이 들었습니다.
그래서 그녀의 행동들을 덮어 버리기로
하였습니다.

그 이 후로도 그런 일이 여러 차례 있었던 것을
알았지만 모르는 척 하며 지금까지 지내왔습니다.
이것이 제가 요셉총독을 죽이지 않고 감옥으로 보낸 이유입니다.
어떤 면에서는 요셉총독을 보호하기 위함도 있었고..
그 동안 나를 거짓없이 섬기고 나의 집을 부유하게..
하였던 것에 대한 보답이기도 하였습니다

저는 알고 있습니다
요셉총독이 제 아내를
겁탈하려고 하지
않았다는 것을..
오히려 제 아내가
수 차례 유혹하였을
것이고 그 날도 강제로
요셉총독을 불러들여
욕정을 불 태우려고
하다가 요셉총독이
거절하자 옷을 잡고
늘어졌을 것입니다.
요셉총독은 아내의
유혹을 뿌리치고 잡아
당긴 옷을 벗어놓은 채로
달아났던 것입니다.
그런 착한 오리를
죽이는 것은 사람의
도리가 아니기에...
그냥 감옥에 가두는
것으로 이 일을
마무리 하였던 것
입니다.

흑흑흑
흑흑흑
후다다닥……
누구…!!
흑흑흑

흑흑흑
....
툭!
흑흑흑
....
흑흑흑

흑흑흑...
....
흑흑흑...

흑흑흑
울지마시오...
괜찮소...
괜찮아...
흑흑흑

손님들 계시니
나중에 방에서
얘기합시다.
흑흑흑
마님을 방으로
모시고 가거라.
넷!
흑흑흑
......
흑흑흑

너무 죄송합니다.
총리께 많은 허물을
보였습니다
다 제가 부족하여
일어난 일이오니 넓은
마음으로 용서하여
주십시오
그리고 오늘 일은
다른 이가 알지
않도록 해주시기를
간곡히 부탁
드립니다.
그럼 그래야지
무슨 말인지
잘 알겠지?
내가 분명히 말
하는데 여기서
일어난 일을..

입 밖에 내는 자는 내 반드시 그 책임을 물을 것이다.
그대가 이렇게 많은 아픔을 안고 살았던 것을 내 미처 몰랐었네.
이 늦은 밤 여기에 있는 내가 부끄럽네 이 말은 진심이네.
아닙니다. 제가 오히려 부끄러울 뿐입니다

미안하네만
요셉에 대하여
더 아는 것이
없는가?
예! 요셉총독에
대하여 아는 것은 그가
우리집에 오면서
부터입니다
다만 그가 우리집
종으로 팔려 오던 날
그를 데려왔던..
이스라엘인
미디안 상인의
말에 의하면..
요셉총독은
히브리인으로 그의
형제들에게서
은 20 을 주고
샀다는 것입니다.
형제를 팔아?

이해가 되지는 않지만 그의 형들이 동생을 팔았다고 했습니다
아시는 것처럼 은 20은 남자 노예 한 사람의 값에 지나지 않습니다
그 형들은 요셉총독을 동생으로 여기기 보다 노예로 인정하고 싶었던 것 같습니다.
상인의 말에 의하면 형들은 화가 나 있었고 무엇인가 알 수는 없지만..
요셉총독에 대하여 피해의식이 가득해 보였다고 합니다
특히 요셉총독을 팔면서 조롱하듯이 떠들어 대던 소리가 상인의 귀에서 오랫동안 사라지지 않았다고 합니다.

형들이 무엇이라고
말을했나?
그 말은 대충
이러했습니다.
야! 이 꿈쟁이야!
우리가 너에게
절을 한다고?
너가 우리의
우두머리가 된다고?

그래 어디 절 받아봐라. 이런데도 네가 우리의 우두머리가 될 수 있다고 생각해?
뭐라! 하나님이 그 꿈을 네게 주셨다고?
썩 사라져라!
오늘부로 네 꿈은 한낮 개꿈이 될 것이다
다시는 이 땅을 밟지 못할 것이고
아버지의 사랑도 받지 못 할거야!

형~
너는 이제 끝이야.
영원히 우리하고 말이야.
우물 구덩이에서 죽을 것을 이렇게라도 살려 준 것을 평생 잊지 말고 살아라.
하하하..
꿈쟁이.. 개꿈쟁이야..
상인은 그들의 행동이 이해가 되지 않는다고 했습니다

꿈쟁이? 형들의 우두머리?
하나님이 주신 꿈을 꾸었던 꿈쟁이?
아 한가지 더 있습니다 그의 아버지가 야곱이라고 했습니다
야곱?
역시 그는 날때부터 범상한 인물이 아니었구나.
그의 신 하나님의 메세지를 가지고 태어난 것이 틀림없구나.
그렇다면 오늘 그가 이집트 왕의
옥쇄 반지를 받아 총독이 된것도...

이것은 우연이 아니다 신의 계시였다는 것인가?
그의탄생, 그의꿈, 그가 이집트로 온 것 죽을 죄라는 누명을 쓰고도 살아난 것.
그리고 오늘 왕의 꿈을 풀이한 것 모두 신의 치밀한 계획인가?
그렇다면 이제 나는 어떻게 해야 하는가?
....
?

스윽!
오늘 고마웠네.
그대 덕분에
오늘 왕의 다음
권세를 가진..
요셉총독에 대하여
많이 알게 되었네.
또 보세.

내일 봐.
바이 바이
하나님?
야곱?
요셉?
2편에 계속...

동물들이 전하는 성경 이야기

미운오리 요셉 ①

초판 1쇄발행 2012년 12월20일
글 계인철 | **그림** 문동욱
펴낸이 문철호
펴낸곳 새롬주니어
편집디자인 박은숙
등록번호 110-92-05442
주소 서울시 서대문구 연희동 446-282번지 105호
대표전화 02)337-1305
이메일 saeromj@hanmail.net

Isbn 978-89-93103-60-1 74230
정가 9,000원

요세프는 새롬주니어의 기독교서적 브랜드입니다.

*이 책은 성경을 바탕으로 작가의 픽션이 가미 되었음을 알려드립니다.